GLI OMBRELLI

Un oggetto così semplice con radici storiche lontanissime, con antiche funzioni sacre e simboliche.

Nel 700 l'ombrello leggero e funzionale, entra nell'uso delle classi più agiate come accessorio di raffinata eleganza e rappresenta uno status symbol.

Dopo la rivoluzione francese, l'ombrello si diffonde in ogni stato sociale e da allora la moda si sbizzarrisce nelle soluzioni più straordinarie.

Attraverso i tempi, l'ombrello ha assunto tante fogge, ha utilizzato rari e insoliti materiali, si è arricchito di impugnature, talora in avorio e oro, tornite, intarsiate, cesellate.

Siamo andati a documentarci nel museo più esclusivo, unico al mondo, dove abbiamo fotografato gli esemplari più importanti che segnano il percorso storico del parapioggia e del parasole.

Uno spaccato di storia che oltre alla bellezza degli oggetti, ci svela i significati di costume che hanno ruotato, intorno a questo accessorio di moda.

UMBRELLAS

The umbrella, apparently a simple object, nonetheless has distant historical origins, once having ancient sacred and symbolic functions.

In the 18th century, the umbrella, which by that time was lightweight and practical, was commonly used by the wealthier classes as a refined and stylish accessory, a status symbol.

After the French Revolution, use of the umbrella spread to all classes, and from then on, the fashion industry produced a host of bizzarre designs.

Over the years, umbrellas have been made in various shapes and sizes, using rare and unusual materials; their value has been enhanced by means of the handle, made in ivory or gold, turned, inlaid, or chiselled.

The objects shown in this book belong to an exclusive museum, the only one of its type in the world, where the most important examples in the history of the umbrella and parasol were photographed.

The result is a historical view that not only allows us to enjoy the beauty of the objects themselves, but which also reveals the habits and traditions linked to this fashion accessory.

Referenze fotografiche
Le fotografie sono di Gianni Bonetta

Collana a cura di / *Series editor*
Franco Bassi
Grafica / *Graphic*
Luca Pratella
Traduzione / *Translation*
Johannes Henry Neuteboom

© BE-MA EDITRICE, Milano 1990
Via Teocrito, 50 - 20128 Milano

Fotocomposizione / *Filmset by:* Primavera - Milano
Fotolito / *Colour reproduction by:* Domino - Milano
Stampa / *Printed by:* Artipo - Milano

Itinerari d'Immagini n° 32
1° edizione 1990
First edition 1990

ISBN 88 - 7143 - 093-X
Stampato in Italia / *Printed in Italy*
Autorizzazione del Tribunale di Milano n° 190 del 6/3/87

Itinerari d'immagini

GLI OMBRELLI

UMBRELLAS

Letizia Bordignon Elestici

BE-MA Editrice

1850-70

Piccolo parasole in taffetas color avorio che, secondo la moda dell'epoca, è ricoperto con pizzo di cotone blu. Impugnatura in legno e osso. Diametro cupola 55 cm. Nel particolare - Primo piano della cupola che mette in evidenza il disegno geometrico del pizzo e la frangia.

1850-70 Small parasol in ivory-colour taffeta, covered, in accordance with the fashion of the time, with blue cotton lace. Wood and bone handle. Diameter: 55 cm.
In the detail view the geometric design of lacewok and fringe on the crown.

1850-70

Piccolo parasole in taffetas albicocca ricoperto con pizzo nero. Fodera in taffetas bianco. Diametro cupola 52 cm.

1850-70 Small parasol in apricot-colour taffeta covered in black lace, with white taffeta lining. Diameter: 52 cm.

1850-70

Parasole in taffetas nocciola dorato, decorato da anelli di colore nero, viola e nocciola. Impugnatura con pomo di materiale sintetico arancione.

1850-70 Parasol in gilded brown taffeta, decorated wit black, violet and brown rings. The handle has an orange pommel made of synthetic material.

1850-70

Piccolissimo parasole in seta beige con ricami in tinta. Fodera in taffetas beige. Impugnatura e puntale in legno scolpito.

1850-70 A tiny parasol in beige silk, with matching embroidery. Beige taffeta lining. Handle and tip in carved wood.

1850-70

Piccolo parasole pieghevole (brisé) con la cupola orientabile. Particolarmente prezioso, questo esemplare è in perline di vetro a motivi geometrici e floreali. Impugnatura d'avorio ad uncino. Diametro cupola 31 cm.

1850-70 Small folding (brisé) parasol with crown that can be adjusted to the desired angle. This example is particularly valuable, with geometric and floral motifs, traced out in glass beading. Hooked handle in ivory. Diameter: 31 cm.

Seconda metà '800

Impugnatura di gusto molto raffinato; il pomo è in oro battuto e poggia su porcellana dipinta.

Late 19th century. A very tasteful handle, with a beaten gold pommel mounted on painted porcelain.

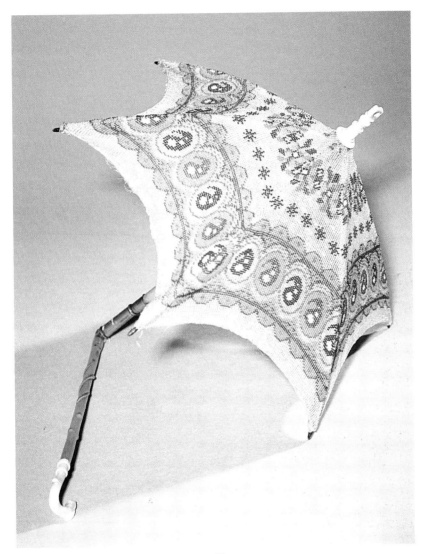

Seconda metà '800

Madreperla e metallo dorato per questa impugnatura di linea classica a pomo.

Late 19th century. Mother-of-pearl and gilded metal are used for this classic handle with pommel.

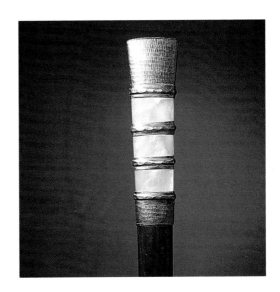

Preziosa impugnatura, di linea molto semplice, a fasce alternate di madreperla e oro battuto.

A handsome handle of simple and classic design, with alternate bands of mother-of-pearl and beaten gold.

Seconda metà '800

Originale impugnatura in legno scolpito: una mano sorregge una fiaccola. L'insieme ricorda la "Statua della libertà" di New York.

Late 19th century. An original carved wood handle: a hand bearing a torch. One is reminded of the New York Statue of Liberty.

1850-70

Parasole in taffetas con cupola e frangia stampate a motivo floreale policromo. Impugnatura in legno e materiale sintetico. Diametro cupola 31 cm.

1850-70 Taffeta parasol with crown and fringe printed with a multi-coloured floral motif. Handle in wood and synthetic material. Diameter: 31 cm.

1850-70

Piccolo parasole con lunga frangia. Da notare la fodera in crêpe di seta rosa che nasconde completamente l'intelaiatura. Impugnatura in avorio inciso. Diametro cupola 46 cm.

1850-70 Small parasol with long fringe. Interesting for the pink silk crêpe lining that completely hides the frame. Handle is in engraved ivory. Diameter: 46 cm.

1850-70

Parasole con la cupola e un grande fiocco in taffetas verde. Fusto pieghevole con impugnatura in avorio a motivi geometrici.

***1850-70** Green taffeta is used for the crown and for a large bow on this parasol. Folding shaft with ivory handle decorated with geometric motifs.*

1800

Parure per ombrello da sole in tartaruga, formata da: impugnatura, puntale e pomelli per le stecche.

1800 Set for a parasol, made of tortoise-shell and consisting of handle, tip and rib-tips.

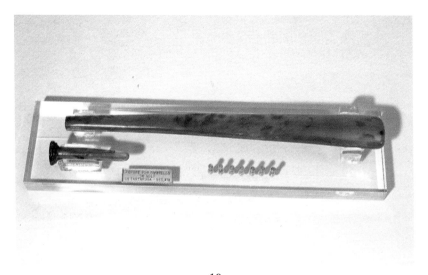

1850-70

Ombrello con cupola in tessuto sintetico grigio. Fusto pieghevole. Impugnatura in avorio con incisioni a spirale. Diametro cupola 48 cm.

1850-70 Umbrella with grey synthetic fabric crown. Folding shaft. Ivory handle with spiral engraving. Diameter: 48 cm.

1850-70

Parasole di piccole dimensioni con la cupola in merletto meccanico nero. Trasparente in raso di seta bianca e fodera in taffetas bianco. Impugnatura in avorio. Nei particolari: il ricco merletto con motivi floreali che, spesso, era uguale a quello del ventaglio. L'avorio dell'impugnatura è elegantemente tornito e ornato con delle iniziali.

1850-70 Small-sized parasol with machine-made black lace used for the crown, while the underlayer is in white satin, and the lining is white taffeta. Ivory handle.
In the details: the elaborate lacework with floral motifs, which often matched the decoration of the fan.
The ivory used in the handle is beautifully turned, and ornamented with initials.

1850-70

Impugnatura per ombrello, di linea molto semplice, fatta con materiale che imita l'avorio.

1850-70 An umbrella handle of very simple design, made in a material simulating ivory.

1850-70

Parasole nero in raso, impugnatura d'avorio. Diametro cupola 49 cm.

1850-70 Parasol in black satin. Ivory handle. Diameter: 49 cm.

1850-70

Parasole con la cupola in seta color nocciola. Fodera in taffetas color avorio e impugnatura in avorio. Da notare il contrasto tra le piccole dimensioni della cupola e la lunga frangia. Diametro cupola 52 cm. Nel particolare l'impugnatura in avorio presenta un elaborato disegno a intarsio.

1850-70 Parasol with hazel-brown silk crown. Ivory-colour taffeta lining; ivory handle. Interesting for the contrast between the small crown and the long fringe. Diameter: 52 cm. In the detail photograph, the ivory handle with an elaborate inlaid design.

1880

Il parasole di moda ha la cupola formata da due quadrati incrociati. Questo esemplare è in taffetas liseré rosa, ordito bianco, trama rossa, con gala arricciata. Impugnatura in legno intarsiato. Nel particolare, una piccola volpe intarsiata nel legno dell'impugnatura.

1880 The fashionable parasol in those years had a crown formed of two crossed squares. This example is in pink liséré taffeta, with white warp and red weft, and it has a pleated bow. The detail shows a small fox, inlaid on the wooden handle.

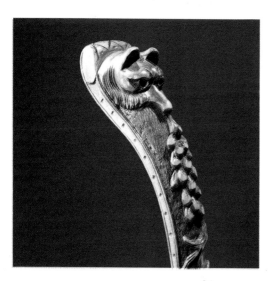

1880-1890 circa

Parasole nero in merletto meccanico di seta e trasparente di raso di seta. Impugnatura di metallo tornito a forma di anello ovale. Alla cupola è attaccato un cordoncino con anello per tenerla chiusa.

1880-1890 Black parasol with machine-made silk lace and satin underlayer. The turned-metal handle is in the form of an oval ring. A cord with a ring is attached to the crown, used for holding it closed when not in use.

1880-1890 circa

Ombrello con la cupola in seta artificiale; inserto di chiffon ricamato a punto erba e filza. Gala di merletto meccanico e impugnatura in legno laccato. Diametro cupola 75 cm. Nel particolare, in primo piano l'inserto ricamato e la gala di merletto.

1880-1890 Umbrella with artificial silk crown and an insert of chiffon embroidered with running stitch and satin stitch. Machine-made silk bow and lacquered wood handle. Diameter: 75 cm. The detail shows a close-up of the embroidered insert and the lace bow.

1885-90

Parasole di ispirazione orientale con la cupola in raso di seta dipinta, con scene galanti di gusto settecentesco. Bordo di piume e impugnatura d'avorio intagliato.

1885-90 A parasol in Oriental style with painted satin crown depicting chivalrous scenes in 18th-century taste. Feathered brim, carved ivory handle.

1885-1895

Parasole con cupola in taffetas moiré color avorio. All'interno fanno da fodera quattro volants chiffons color avorio, con festone di ricamo meccanico giallo. Impugnatura in porcellana dipinta. Nel particolare, il pomello dell'impugnatura in porcellana dipinta e l'elaborato fiocco in gros-taffetas di seta.

1885-1895 Parasol with ivory-coloured moire taffeta crown. Inside, the lining is formed of four ivory-coloured chiffon volants, with a festoon of yellow machined embroidery. Painted porcelain handle. The detail photographs show the pommel of the painted porcelain handle, and the elaborate gros-taffeta silk bow.

Seconda metà dell'800

Cofanetto con un originale "set" per ombrello. Le puntine sono in metallo dorato e l'impugnatura è ricoperta con
smalto verde trasparente decorato con tre farfalle.

*Late 19th century Cask with an original umbrella set. The
rib tips are in gilded metal, and the handle is coated with
transparent green enamel, and decorated with three but-
terflies.*

Seconda metà dell'800

Coppia di ombrelli in tessuto rosso con bordo rigato. Essenzialmente funzionali, avevano la cupola di grandi dimensioni con l'impugnatura molto piccola.

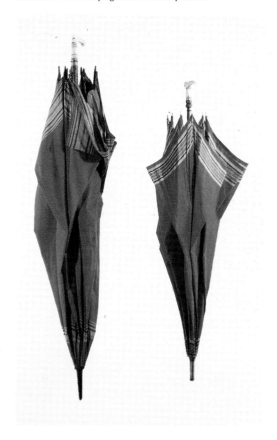

Late 19th century A pair of umbrellas in red fabric with striped brim. This type of umbrella was essentially practical, with large crown and very small handle.

Seconda metà dell'800

In questo periodo le impugnature di legno intagliato divennero di moda. Questo esemplare porta inciso un trio di gufi.

Late 19th century In this period, carved wooden handles became fashionable. This example depicts a trio of owls.

Fine '800

Gruppo di impugnature per ombrelli più economici. Dall'ultimo quarto del secolo XIX il corno, l'osso e vari materiali sintetici sostituirono il più prezioso avorio.

Late 19th century *A group of handles for cheaper umbrellas. From about 1875 on, horn, bone and various synthetic materials substituted the more valuable ivory.*

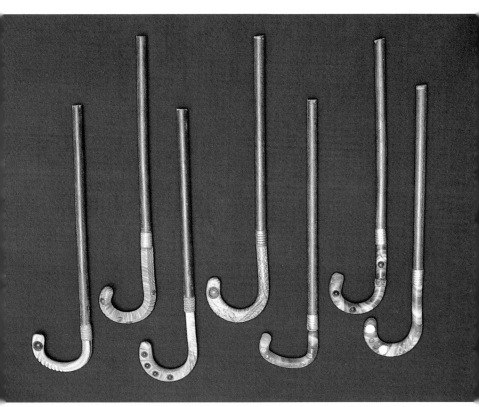

Fine '800

Parasole in taffetas marrone (originariamente nero) con ricamo a motivi floreali. Impugnatura in porcellana ornata con un lungo fiocco di seta. Nel particolare, fodera di crêpe marrone.

Late 19th century *Brown (it was originally black) taffeta umbrella, embroidered with floral motifs. Porcelain handle decorated with a long silk bow. In the detail view, the brown crêpe lining.*

41

Fine '800

Ombrello in taffetas verde scuro. Impugnatura in madre-perla e argento.

Late 19th century Dark green taffeta umbrella. Mother-of-pearl and silver handle.

Fine '800

Tre impugnature in legno scolpito. La doratura è frammista a smalti colorati.

Late 19th century Three carved wood handles. A combination of gilding and coloured enamels.

Fine '800

Esempio di parapioggia femminile con cupola in raso di seta bianca stampata. Nel particolare, motivo tipo cachemìre in ocra, marrone, blu e verde.

***Late 19th century** A lady's umbrella, with printed white satin crown. The detail shows the Cashmere-type motif in ochre, brown, blue and green.*

Fine '800 - inizio '900   Talvolta l'impugnatura aveva anche caratteristiche insolite, come questa che, nel pomo d'argento apribile, ha un orologio.

Late 19th-early 20th century Sometimes the handle was unusual, as in this example which incorporates a watch in the silver pommel.

1870-1900

Parasole in taffetas nero plissettato, gala ricamata. Impugnatura in madreperla incisa e dipinta a motivo floreale. Diametro cupola 77 cm. Nel particolare in primo piano la gala ricamata a motivi floreale e la plissettatura della cupola.

1870-1900 Parasol in black pleated taffeta with embroidered bow. The mother-of-pearl handle is engraved and painted with floral motifs. Diameter: 77 cm. The close-up view shows the bow embroidered with floral motifs, and the pleating of the crown.

1870-1900

Negli ultimi tre decenni dell'800, gli ombrelli sono particolarmente eccentrici. Questo è un esemplare di ombrello di cocco, foderato di seta plissée, con l'impugnatura in legno assai elaborata.

1870-1900 Umbrellas were particularly eccentric during the last three decades of the 19th century. This is a coconut umbrella, lined with plissée silk, with a particularly elaborate wood handle.

1870-1900

Piccolo parasole con cupola a pagoda in raso di seta nocciola con ricamo. La lunga frangia, in tinta, è in fili di ciniglia e seta. Fodera di taffetas bianco. Impugnatura di radica e ottone. Nel particolare, il ricamo floreale fatto a mano sulla cupola di seta.

1870-1900 Small parasol with pagoda-type crown made of hazel-brown embroidered satin. The long fringe, of matching colour, is composed of silk and chenille threads. White taffeta lining. Walnut and brass handle. In the detail view, the hand-embroidered floral motif on the silk crown.

1870-1900

Delicata impugnatura in avorio inciso. Motivi floreali a spirale sostengono una piccola testa di cane.

1870-1900 A delicate handle of engraved ivory. Spiralling floral motifs lead to a small dog's head.

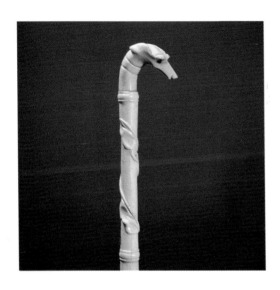

1870-1900

Parasole con cupola in pizzo meccanico di cotone e diagonale di cotone verde. Impugnatura in legno. Diametro cupola 64 cm.

1870-1900 Parasol with machine-made cotton lace and green cotton twill used for the crown. Wooden handle. Crown diameter 64 cm.

1870-1900 Parasole a forma di pagoda, d'ispirazione orientale. Cupola diagonale di seta decorata con legature d'ordito a fasce di raso. Impugnatura in metallo con pietra di colore turchese. Diametro cupola 63 cm.

1870-1900 An Oriental-style, pagoda-form parasol. Silk twill crown decorated with warp ties of satin ribbon. Metal handle with a turquoise-colour stone. Diameter: 63 cm.

Impugnatura in avorio raffigurante una mano chiusa a pugno.

Ivory handle depicting a clenched fist.

1870-1900

Piccolo parasole nero in raso ricamato. Impugnatura in porcellana con decorazione floreale. Da notare il cordoncino pendente con l'anello per tenere ben chiusa la cupola. Nel particolare la bordura ricamata e la lunga frangia a nastrini.

1870-1900 Small black parasol in embroidered satin. Porcelain handle with floral decoration.
Note the hanging cord and ring to keep the crown firmly closed when not in use. The detail shows the embroidered edging and the long ribboned fringe.

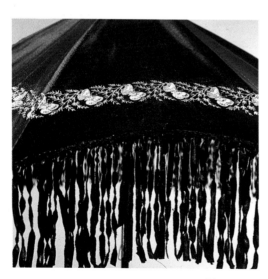

1870-1900

Parasole di linea semplice e di grandi dimensioni. Il raso di seta bianco della cupola è decorato con motivi floreali. In velo l'alta balza arricciata. Fusto e impugnatura in legno e metallo.

1870-1900 A large parasol of simple design. The white satin crown is decorated with floral motifs. Wide pleated flounces are in voile. Wood and metal are used for the shaft and handle.

1870-1900

Parasole con il trasparente in doppio gros di seta e taffetas. La copertura esterna è in merletto meccanico di cotone in un solo pezzo ricamato a punto rammendo. Impugnatura in osso inciso.

1870-1900 Parasol with underlayer in double silk and taffeta gros. The external cover is a single piece of machine-made cotton lace, embroidered in darning-stitch. Engraved bone handle.

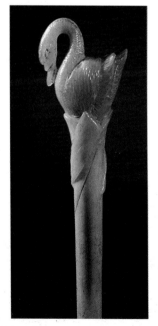

Impugnatura di corno a forma di cigno, secondo la moda dell'epoca che prediligeva raffigurazioni di animali.

A horn handle in the form of a swan, typical of the fashion of the time which abounded in depictions of animals and birds.

1870-1900

Eccentrica impugnatura con testina di moro scolpita.

1870-1900 An unusual handle, with a small carved negro head.

1870-1900

Il piccolo pappagallo bianco, con gli occhi di vetro, è la graziosa impugnatura di un fusto d'ombrello in legno.

1870-1900 Here, the delicate handle of a wooden umbrella shaft consists of a small white parrot with glass eyes.

1885-1915

Sull'onda del gusto Liberty nella moda, s'impone l'ombrello ad alto fusto; questo esemplare, molto elegante e raffinato, ha la cupola in lino ricamato a punto intagliato.

1885-1915 Art Nouveau had a great impact on fashion, and it gave rise to the success of the long-shafted umbrella. This handsome, refined example has a linen crown, embroidered in intaglio stitch.

1885-1915

Coppia d'impugnature in porcellana dipinta con motivi floreali e figure.

1885-1915 A pair of porcelain handles, painted with floral and figure motifs.

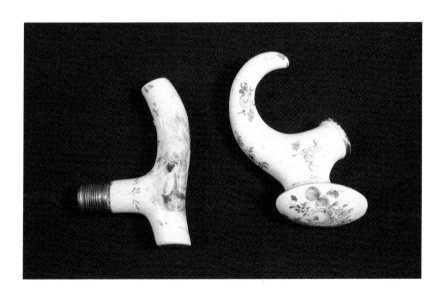

Ombrello con cupola in tela di cotone bianco ricamato con punto a giorno e smerlo erba cordoncino. Nel particolare, tante piccole testine di lepre sono scolpite sulle puntine di legno delle stecche, mentre la testina più grande sulla sommità dell'impugnatura è in avorio.

1890-1900 circa Umbrella with white cotton canvas crown, scalloped and embroidered with hemstitch and satin stitch. The detail shows the numerous small hare-heads carved on the wooden rib-tips, while the larger head on top of the handle is in ivory.

1890-1910

Il parasole con la sua scatola-custodia per conservarlo, sia in casa che in viaggio. Parasole in crêpe di seta e merletto color avorio; il motivo floreale è dipinto a mano. Fodera in chiffon color avorio. Impugnatura in avorio scolpito, a forma antropomorfa. Particolare: mazzi di papaveri dipinti e inserti di pizzo.

1890-1910 The parasol with its protective case, for use at home and during travels.
Parasol of silk crêpe and ivory-colour lace, with a hand-painted floral motif. Ivory-colour chiffon lining. Carved ivory handle in anthropomorphic shape.
The detail shows the hand-painted bunches of poppies and the lace inserts.

70

1890-1910

Tipico parasole stile "Belle Epoque". Tela di lino ricamata a mano a punto smerlo, erba e cordoncino, con inserti di filet meccanico.

1890-1910 The typical Belle Epoque parasol. Linen canvas with scalloping, hemstitch and satin-stitch embroidery, and inserts of machine-made lace.

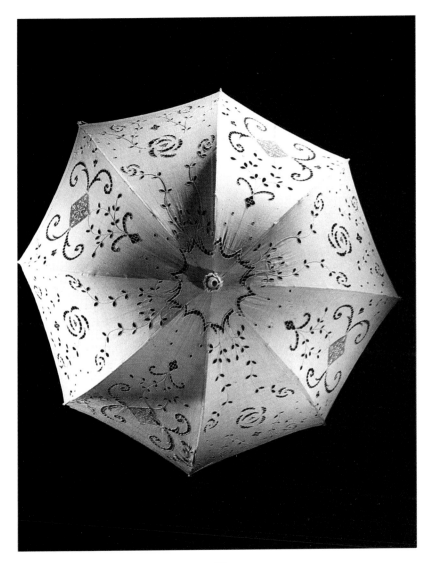

Fine '800 - Primi '900

Gruppo di impugnature: una di legno e avorio con testina maschile, la seconda (al centro) in porcellana con decori policromi e oro, la terza in osso con incisa figura femminile. Nel particolare, impugnatura in porcellana con raffigurata una testina di donna orientale.

Late 19th-early 20th century A group of handles. The first is in wood and ivory, with a male head; the second (centre) is in porcelain with polychrome and gold decorations; the third is in bone with an engraved female figure. In the detail, an Oriental woman's head depicted on a porcelain handle.

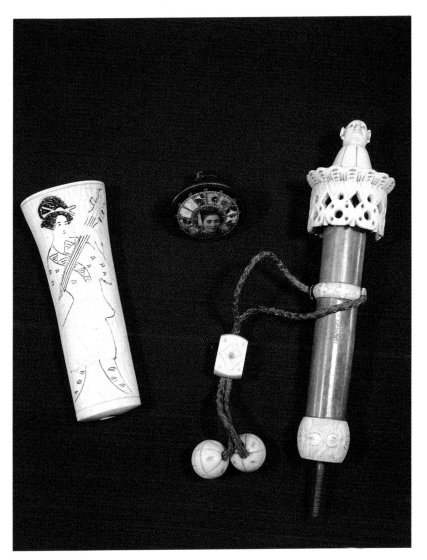

Fine '800 - Primi '900

Parasole con cupola in pizzo di cotone nero. Trasparente di taffetas color albicocca e impugnatura d'argento cesellato. Diametro cupola 76 cm. Nel particolare la semplice linea dell'impugnatura d'argento è ben valorizzata dal disegno del cesello. Il fiocco è in taffetas e pizzo.

Late 19th-early 20th century Parasol with black cotton lace crown. Underlayer of apricot-colour taffeta; chiselled silver handle. Diameter: 76 cm. The detail shows the clean lines of the handle, enhanced by the pattern of the chiselling. The bow is in taffeta and lace.

Fine '800 - Primi '900

Ombrello dalla linea molto sobria. La cupola è in tessuto verde smeraldo con applicate delle bordure di velluto nero. Sul bordo della cupola la fettuccia con anellino per tenerla chiusa.

Late 19th-early 20th century *An umbrella in a very restrained style. The crown is in emerald-green fabric trimmed with black velvet. At the edge of the crown is a ribbon with a ring to hold it closed.*

Fine '800 - Primi '900

L'obbligo del nero per il lutto si estende anche all'ombrello. Esempio di parasole da lutto in merletto meccanico di cotone nero, con trasparente in taffetas e fodera di raso egualmente neri. Impugnatura in avorio. Diametro cupola 54 cm.

Late 19th-early 20th century For mourning, black was obligatory for the umbrella, just as for articles of dress. This example of a mourning parasol is in black machine-made cotton lace, with an underlayer of taffeta and a satin lining, also black. The handle is of ivory. Diameter: 54 cm.

1900-1905 circa

La grande cupola di questo ombrello è in chiffon di seta nera, con un originale disegno a tralci fioriti. La gala è bordata con uno smerlo meccanico a piccoli pois neri. Lungo fusto con impugnatura di corno che termina con un uncino di metallo, imitazione bambù. Nel particolare, il delicato intreccio con rose gialle è stato ottenuto con un telaio meccanico. La fodera in chiffon nero, a tinta unita, fa risaltare ancora di più il disegno.

1900-1905 circa The large crown of this umbrella is made of black silk chiffon, with an original design of blossoming shoots. The bow is edged with a machine-made scallop with small black polka-dots.
The long shaft has a horn handle, ending in a simulated bamboo hook made out of metal.
The detail shows the delicate intertwined sprigs with yellow roses, made on a mechanical loom. The black chiffon lining sets off the design very effectively.

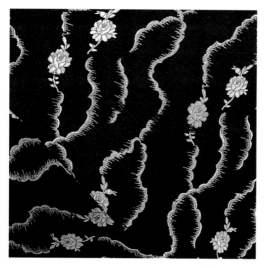

Particolarmente elegante la linea di questa impugnatura a pomello, in argento e avorio.

1895-1905 This handle of particularly handsome design, with pommel, is made in ivory and silver.

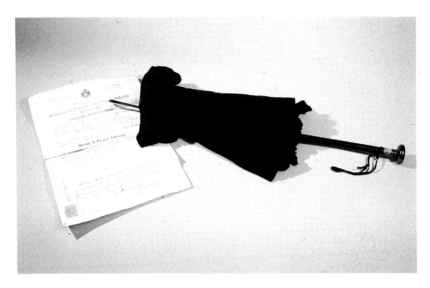

1906

Ombrello in cotone con l'impugnatura in metallo. E' accompagnato dal brevetto del Regno d'Italia, per "Ombrello tascabile sistema Piccardo 1906".

1906 Cotton umbrella with metal handle, with its Kingdom of Italy patent, for the "Piccardo System Pocket Umbrella 1906".

Primi '900

Elegante parasole nero. La cupola di seta artificiale è decorata con merletto applicato a intaglio. L'impugnatura è in legno inciso e metallo dorato.

Early 20th century A handsome black parasol. The artificial silk crown is decorated with inlaid lace. The handle is in engraved wood and gilded metal.

Primi '900

Ombrello in taffetas bordeaux cangiante con doppio bordo di raso. Da notare la semplice linea dell'impugnatura metallica che termina ad anello.

Early 20th century Umbrella in iridescent bordeaux taffeta with double satin edging. Note the simple lines of the handle, which ends in a ring.

Parasole prodotto in Estremo Oriente per il mercato occidentale, realizzato in carta dipinta di rosso, decorata con due mazzi di rose. Impugnatura in legno tornito. Nel particolare, interno della cupola con il fitto intreccio delle stecche in legno.

Early 20th century A parasol manufactured in the Far East for the Western market, made in red-painted paper and decorated with two bunches of roses. Turned wood handle. The detail shows the underside of the crown, with its complex pattern of wooden ribs.

Primi '900

Piccolo ombrello giapponese in seta blu con motivi floreali. Caratteristica l'armatura di legno con un gran nu-
mero di stecche.

*Early 20th century A small Japanese umbrella in blue silk
with floral motifs. Interesting for its characteristic wooden
frame with a large number of ribs.*

1900-1905

Ombrello con cupola di merletto meccanico di cotone. Impugnatura in metallo a forma di anello.

1900-1905 Umbrella with cotton machine-made lace crown. Ring-shaped handle made of metal.

1910-1915   Ombrello in tela di cotone ricamata a mano, punto erba e raso. La gala arricciata è di merletto meccanico.

1910-1915 A cotton canvas umbrella crown, hand-embroidered with hemstitch and satin stitch. The pleated bow is a machine-made lace.

Ombrello in taffetas stampato con effetto chiné. Fondo verde e motivo decorativo policromo. L'impugnatura in legno e materiale sintetico porta incisi due sfingi e due leoni.

1910-20 Taffeta umbrella printed in a chiné (multi-colour) effect. Green background with polychrome decorative motif. The handle made in wood and synthetic material is engraved with two sphinxes and two lions.

1910-20

Parasole con cupola in taffetas blu con applicato un bordo di raso e velluto di seta. Impugnatura d'avorio. Nel particolare, l'originale impugnatura in avorio raffigura un uomo racchiuso in una conchiglia.

1910-20 Parasol with blue taffeta crown with an appliqué edging in satin and silk velvet. In the detail, the unusual ivory handle which depicts a man in a shell.

1910-20

Ombrello in tessuto doppio, chiffon blu trasparente e taffetas, e con bordo esterno in raso fucsia. Lungo fusto con impugnatura di legno.

1910-20 Umbrella in double fabric, blue chiffon and taffeta, with outer edge in fuchsia-colour satin. Long shaft with wooden handle.

1915-25

Un elaborato parasole a balze di seta bianca e nera, ricamente arricciata.

1915-25 A complicated parasol with flounces of highly-pleated black and white silk.

1915-25

Originale inserimento di una figura di levriere, in camoscio bianco, applicata all'interno della cupola. Il fusto di legno ha una semplice impugnatura in metallo argentato.

1915-25 An unusual decoration with a greyhound in white chamois, as an appliqué inside the crown. The wooden shaft ends in a simple silver-plated metal handle.

1920 circa

Insolito parasole in cotone interamente ricamato a mano. L'impugnatura, a testa di cigno, è in materiale che imita l'avorio.

1920 circa *An unusual cotton parasol, entirely hand-embroidered.*
The swan-head handle is in imitation ivory.

1920 circa

Questo piccolo parasole in taffetas plissettato, stampato grigio e bianco, e con fodera di taffetas bianco, denuncia i gravi problemi di conservazione per questi oggetti. La luce e la polvere possono danneggiarli irrimediabilmente.

1920 circa This small parasol in plissée taffeta, printed in grey and white, with a white taffeta lining, is an example of the difficult problems of conservation posed by these objects. Light and dust can cause irremediable damage.

Una primaverile tela di cotone turchino, stampata a grandi mazzi di fiori, da un tocco d'allegria a questo ombrello. Tutta la cupola è orlata con garza di cotone cucita a macchina. L'impugnatura è di bambù.

1920-1930 *This umbrella has a Spring-like feel to it, as a result of the turquoise cotton canvas with large printed bunches of flowers.*
The crown is completely edged with machine-sewn cotton braid. Bamboo handle.

Le donne possono finalmente abbronzarsi! Gli ultimi parasole sono molto particolari. Questo è in panno Lenci rosso con, applicata, la figura di un cagnolino sospeso tra nuvole bianche e nere. L'impugnatura è in panno rosso e argento cesellato.

1920-35 At last, sunbathing for women became fashionable! The last parasols were very special. This example is in red Lenci cloth with an appliqué representing a little dog suspended between black and white clouds. The handle is in red cloth and chiselled silver.

1925-35

Borsa con ombrellino dello stesso tessuto. In quegli anni la moda del tessuto stampato si impone nell'abbigliamento femminile estivo e anche gli ombrelli seguono questa tendenza.

1925-35 A bag with a small umbrella in the same fabric. In those years, printed fabrics became fashionable for womens' dress, and umbrellas followed the trend.

1925-35

Parasole con il manico molto corto. La cupola arricciata
e divisa in due balze, è in crêpe grigio a pois bianchi.

*Parasol with a very short handle. The crown pleated and
divided into two flounces, is in grey crêpe with white
polka-dots.*

1950 circa

Elaborato ombrello che ricorda quelli ottocenteschi. La cupola è in nylon nero con la fodera in merletto meccanico rosso. L'impugnatura e il puntale sono ricoperti in pelle. Nel particolare il disegno floreale della fodera di merletto rosso.

1950 circa A complicated umbrella that recalls 19th-century models. The crown is in black nylon, with a lining of red machine-made lace. The handle and the tip are covered in leather. The detail photograph shows the floral design of the red lace lining.

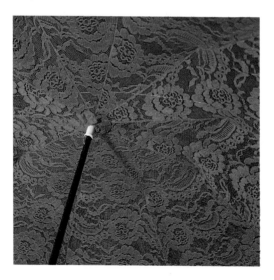

1950 circa

Ombrello in tessuto nero di nylon, all'interno un decoro di tulipani rossi. L'impugnatura, dalla forma classica a gancio, è in legno e metallo argentato. Nel particolare in evidenza la stampa accurata del disegno floreale posto all'interno della cupola.

1950 circa Umbrella in black nylon fabric, with a red tulip decoration inside. The handle, in the classic hook shape, is made of wood and silver-plated metal. The detail reveals the excellent printing of the floral design inside the crown.

1960-1970 circa

L'originalità di questo ombrello sta nella forma ellittica della cupola, sostenuta da una particolare intelaiatura. Copertura di nylon marrone decorato con fascia stampata in lucido/opaco. Impugnatura di legno di forma maschile.

1960-1970 circa The original feature of this umbrella is the elliptical shape of the crown, supported by a special frame. The brown nylon cover is decorated with a matt-gloss printed band. The form of the wooden handle is typically masculine.

UN PO' DI STORIA

Fragile simbolo di autorità

Nella storia dell'ombrello, fantasia favolistica e documentazione attendibile s'intrecciano in continuazione.

Una leggenda ne attribuisce l'invenzione ad una donna cinese, Lou-Pan, la quale, per ripararsi dal sole, ne costruì uno ispirandosi a un albero. Un'altra leggenda ne lega l'evoluzione alla genesi della pagoda, l'antico tempio della Cina, la cui cupola veniva riparata dal sole e dalla pioggia con ombrelli di stoffa che in seguito vennero sostituiti con altri più resistenti costruiti in pietra o metallo.

Nel XII-XI secolo a.C. il parasole era tra le insegne dell'Imperatore della Cina, al quale rimase strettamente legato per trentadue secoli secondo un inviolabile cerimoniale osservato fino alla caduta del Celeste Impero.

Il parasole imperiale, gelosamente custodito nel palazzo del Figlio del Cielo, era di seta, cilindrico, a quattro strati, ricco di ricami e frange d'oro e d'argento, di gioielli e perle, costruito su di un'asta preziosa.

Nelle cerimonie era quasi sempre accompagnato al "flabellum", lunga e preziosa

---

A BRIEF HISTORY

A fragile symbol of authority

The history of the umbrella is a continuous interplay of fact and fable. One legend attributes the invention of the umbrella to a Chinese woman, Lou-Pan, who made one for shading the sun, inspired by a tree. Another legend links the evolution of the umbrella with that of the pagoda, the ancient Chinese temple whose dome was protected from sun and rain by fabric umbrellas which were later substitued with other, stronger structures made in stone or metal.

In the 12th-11th centuries B.C., the parasol appeared within the arms of the Emperor of China, and it was closely linked with the Dynasties for thirty-two centuries, according to an inviolable cerimonial code that was maintained until the fall of the Celestial Empire.

The imperial parasol, jealously conserved in the Palace of the Sun of the Sky, was cylindrical in shape and made of four layers of silk, decorated with embroidery and gold and silver fringes, jewels and pearls. Even the stem was made of precious

asta in origine cimata con mazzi di foglie che, agitate, allontanavano le mosche.
Pur nel rispetto delle prerogative reali, nel III secolo a.C. venne concesso che il
parasole venisse aperto come insegna onorifica durante le cerimonie ufficiali anche da principi imperiali, mandarini, governatori di province, grandi feudatari e
dai più alti dignitari di corte.

Nei secoli successivi, decadendo l'autorità imperiale e affermandosi i potenti feudatari, si diffuse l'uso dei parasoli onorifici tra principi e funzionari di minore importanza e, nelle cerimonie ufficiali, venne concesso anche ad alte personalità occidentali: ambasciatori e nobili.

L'ingegnosità cinese trasformò il rigido modello cilindrico del parasole imperiale
nel più comodo e popolare parapioggia, forse a imitazione dei cappelli a cupola
emisferici usati in Estremo Oriente.

La posizione geografica e le varie vicende politiche, religiose, artistiche, ma anche
le affinità razziali, agevolarono l'estensione di usi e di cerimoniali cinesi in tutto
l'Oriente, dall'India alla Persia, penetrando fino in Africa e Grecia: ciò valse anche
per l'uso del parasole che per secoli in moltissimi paesi fu prerogativa regale o delle classi nobili.

Nel Siam l'Imperatore era il "Signore dei ventiquattro ombrelli".

---

materials.
*During ceremonies, it was nearly always accompanied by the "flabellum", a long
and valuable rod that was originally topped with bunches of leaves that kept flies
away when it was shaken.*
*Without denying the royal prerogative, in the 3rd century A.D. a concession was
made so that the parasol could be opened as a symbol of honour, during official
ceremonies, by imperial princes, mandarins, provincial governors, great landlords
and the highest court dignitaries.*
*In succesive centuries, as imperial authority declined and the landlords became
increasingly powerful, the use of honorary parasols spread to princes and officials
of lesser importance, and even high-ranking Western personages, such as ambassadors and nobles, were permitted to use the parasol during official ceremonies.*
*Chinese genius transformed the rigid cylindrical model into the more comfortable
and popular umbrella to shield the rain, possibly in imitation of the hemispherically-
crowned hats used in the Far East.*
*Chinese habits and traditions extended to the whole of the Far East, as a result of
China's geographical position, political, religious and artistic factors, and also racial
affinities. Thus they spread to India and Persia, even reaching Africa and Greece.*

In India il sovrano si titolava "Signore dell'ombrello" e ne godeva il privilegio assoluto.

Una leggenda religiosa indiana narra che Visnu scese agli inferi, per la sua quinta incarnazione, impugnando un ombrello.

Presso le corti indiane l'ombrello rimase a lungo emblema onorifico donato in casi particolari anche agli ambasciatori delle potenze occidentali o imposto a sovrani in visita, come a Edoardo VII, il re inglese, che nel 1877 dovette comparire in pubblico su di un elefante e sotto l'ombrello d'oro.

Simile nell'uso a quello cinese era l'ombrello giapponese: arredo sacro nel tempio, emblema onorifico nella reggia, accessorio d'utilità per il popolo e soprattutto per le donne.

La differenza fra i vari modelli stava nella forma e nei materiali; seta, ricami, metalli preziosi, lacche per quelli dei potenti, carta oliata per quelli del popolo. Probabili influenze asiatiche possono avere diffuso tra le popolazioni e le tribù dell'Africa il parasole, nelle forme e nell'uso orientali.

Anche gli Arabi e i popoli dell'Africa Occidentale riservarono a quell'accessorio significato di distinzione e autorità.

This was also true for the parasol, which in many countries for centuries was the prerogative of royal or noble classes.

In Siam, the Emperor was known as "Lord of the Twenty-four Umbrellas".

In India, the sovereign's title was "Lord of the Umbrella", and he alone had the privilege of using this object.

A sacred Indian legend recounts that Vishnu descended into hell, for his fifth incarnation, grasping an umbrella.

In Indian courts, the umbrella was long used as an emblem of honour, and in particular instances it was given to ambassadors of Western powers or imposed on visiting sovereigns, as in the case of Edward VII, British king, who was compelled to appear in public on an elephant, under a golden umbrella.

The Japanese umbrella was used in a way analogous to its role in China: it was a sacred item in the temple, a mark of honour in the imperial palace, and a useful accessory for the people, above all for women.

The differences between various models lay in their shape and materials: silk, embroidery, precious metals and enamelling for umbrellas of the powerful; oiled paper for the people's umbrellas. It is probable that Asiatic influence was responsible for spreading the parasol to the peoples and tribes of Africa, with shapes and function

L'ombrello arriva in occidente

Facendo un passo indietro, ricordiamo che nel mondo antico Assiri, Caldei, Persiani, Egizi, Ebrei accolsero il comodo accessorio mischiando la sua funzione d'utilità a quella di arredo sacro e araldico, spesso accoppiato al flabello.

Equilibrata era la ricchezza dell'ombrello assiro, ravvivata da ricami e preziosi pendoli; assai più fastoso e pittoresco quello persiano del V secolo a.c., interamente coperto con ornamenti preziosi e multicolori, di squisita fattura.

Il parasole in Persia fu utilizzato senza interruzioni attraverso il Medioevo, malgrado le invasioni mongoliche e islamiche, riuscendo anzi ad accrescere la propria importanza simbolica.

Gli Egizi, forse, privilegiarono più la praticità che l'eleganza; dal sole si riparavano anche con grandi foglie di palma composte a ombrello. Ad Alessandria, in Licia, a Menfi e Tebe sono state trovate antiche raffigurazioni di ombrelli.

La Grecia lo adottò, dal V secolo a.C. attribuendone l'invenzione alla dea Atena.

Anche l'austero popolo pastorale ebraico ebbe il suo parasole in funzione d'arredo sacro impugnato durante la festa dei Tabernacoli; era conico, con l'orlo profilato da piccole gualdrappe, simile a quello babilonese.

Come molti altri oggetti d'uso comune, anche l'ombrello giunse nel nostro paese,

---

identical to those of the East.
The Arabs and the peoples of West Africa also made the umbrella a mark of distinction and authority.

The umbrella reaches the West

It should be recalled that in the ancient world, the Assyrians, Caldeians, Egyptians and Hebrews adopted the umbrella, combining its practical functions with heraldic and sacred values; in the latter sense, it was often used together with the flabellum. The Assyrian umbrella was harmoniously ornate, decorated by embroidery and valuable pendants; the 5th century B.C. Persian umbrella was of greater magnificence, entirely covered with valuable, brightly coloured and beautifully made ornaments. In Persia, the parasol was used without interruption during the Middle Ages, notwithstanding invasions by the Mongols and Islamic peoples; these trials gave it even greater symbolic importance.
Perhaps the Egyptians gave more emphasis to practical matters than to appearance: they used large palm-leaves composed in umbrella-shape to shade the sun. The umbrella or parasol was even depicted, as has been found in Alexandria, Lycia, Memphis and Thebes. It was adopted by Greece from the 5th century B.C., where

probabilmente portato dai Greci.

Sappiamo con certezza che, alcuni dal manico lunghissimo e altri con il più pratico manico corto, erano usati dagli Etruschi che ci hanno lasciato un cimelio, unico per la storia dell'ombrello: una montatura in osso tornito, risalente al periodo etrusco-romano. La praticità di questa struttura ben poco si differisce dalle moderne armature metalliche prodotte industrialmente.

Presso i Romani dei primi secoli della repubblica, sia il parasole che l'ombrello, trovano una certa diffidenza essendo considerati segni di effeminata mollezza: erano preferiti cappucci e cappelli conici. Comunque, il loro uso non fu mai proibito e, intorno al 220 d.C., si arrivò a vedere le matrone e gli uomini romani sfoggiare parasoli e ombrelli lussuosi secondo il gusto orientale.

Decaduta la civiltà latina e caduta Bisanzio, i parasoli e gli ombrelli, nell'uso comune, prima diminuirono e poi scomparirono quasi del tutto.

Nel Medioevo le notizie e le raffigurazioni di entrambi sono pochissime: sembra che siano sopravvissuti solo grazie alla Chiesa di Roma che ne aveva accolto l'uso dal cerimoniale greco-romano: sono, infatti, per lo più raffigurati in cerimonie religiose di particolare solennità.

Il Cattolicesimo incluse l'ombrello tra gli arredi sacri e ne fece un simbolo liturgi-

---

its invention was attributed to the goddess Athena.

Even the austere and pastoral Hebrews used the parasol as a sacred object that was grasped during the Feast of the Tabernacle: it was conical, with an edging consisting of small caparisons, similar to the Babylonian type.

As was the case for many everyday items, the umbrella was probably brought to Italy by the Greeks. It is certain that it was used by the Etruscans, some having a very long handle and others with a more practical short one. An Etruscan relic has survived, a unique piece in the history of the umbrella: a frame made of turned wood, dating from the Etrusco-Roman period. In practical terms, this structure differs very little from modern, industrially-produced metallic frames.

In the first centuries of Republican Rome, the parasol and the umbrella were treated with some diffidence, as they were considered to be signs of effeminate weakness: hoods and conical hats were preferred. However, their use was never prohibited, and around 220 A.D., one could see Roman men and women sporting luxurious parasols and umbrellas, in accordance with Eastern tastes.

Once the Roman civilisation and Byzantium had fallen, parasols and umbrellas were used as everyday items less and less, until they virtually disappeared altogether. Little mention and few depictions of both items are left us from the Middle Ages.

co. A Roma, nel XIV secolo, quando si portava il viatico a un morente, l'ombrello doveva essere sorretto da un nobile o un cardinale.

Il Papa e il Doge di Venezia erano, in Occidente, gli unici sovrani a usare, secondo norme precise, l'ombrello come insegna onorifica della loro altissima dignità. Il Papa se ne avvaleva fin dalla cerimonia del "Possesso", subito dopo la sua elezione, e solo su sua concessione alti prelati potevano usarlo in particolari cerimonie.

Gli ombrelli papali erano custoditi in un'anticamera dell'appartamento del pontefice, appesi alla parete e inguainati in una fodera di tela rossa.

Solo dopo il '500, il privilegio dell'uso dell'ombrello venne concesso ai cardinali e ad altri autorevoli esponenti della corte pontificia: agli ambasciatori, ai principi, arciduchi e marchesi con diritto sovrano, ma anche al senatore e al governatore di Roma.

Dopo il pontefice, il Doge di Venezia era il solo sovrano europeo che appariva in pubblico sotto l'ombrello e ciò per concessione di papa Alessandro III al Doge Sebastiano Zani, quale segno di gratitudine per il suo impegno nel pacificare il papato e l'impero.

L'ombrello dogale era prezioso, sia per i materiali che per la fattura artistica; aveva armatura in legno raro scolpito e dorato, cupola rivestita con ricchi broccati e rica-

---

It seems that they survived only due to the Church of Rome, which adopted their use from Graeco-Roman ceremony: in fact they nearly always appear in depictions of particularly solemn religious ceremonies.

Catholicism included the umbrella amongst its sacred objects, making it a liturgical symbol. In Rome, during the 14th century, when the viaticum was brought to a dying person, the umbrella had to be borne by a nobleman or a cardinal.

In the West, the Pope and the Doge of Venice were the only sovereigns who used the umbrella, according to precise regulations, as an honorific emblem of their great dignity. The Pope used it from the moment of his installation ceremony, just after his election to office, and high-ranking prelates could use it in particular ceremonies but only with the Pope's permission.

Papal umbrellas were kept in an antechamber of the Pontifical apartment, in a red cloth cover, hanging on the wall.

Only after the 16th century was the privilege of using the umbrella granted to cardinals and other authorities in the Pontiff's court: ambassadors, princes, archdukes and marquises with sovereign rights, and also the senator and governor of Rome.

Apart from the Pope, the Doge of Venice was the only European ruler to appear under an umbrella in public, and this was due to a concession made by Pope Alex-

mi d'oro.

Il popolo veneziano guardava l'ombrello dogale per trarne auspici per la Serenissima e temeva qualsiasi incidente che potesse intaccarne l'integrità.

Nel cinquecento nasce la nuova moda

Il Rinascimento che tante raffinatezze seppe offrire alla vita della gente, annoverò tra gli accessori anche parasoli e parapioggia; erano generalmente grandi e pesanti, coperti di cuoio. In Italia erano entrambi d'uso corrente.

In quel periodo il fatto nuovo fu l'apparizione del parapioggia, ben descritto in cronache del tempo, sebbene non specificamente denominato in tale modo.

A Venezia, fra le città italiane, viene riconosciuto il primato di aver accettato l'ombrello come accessorio necessario che, superando alcune diffidenze e interventi censori delle autorità, arriverà a diffondersi largamente nella prima metà del '700.

Sarà proprio dall'Italia che l'ombrello passerà in Francia, portato nei bagagli di Caterina de Medici andata sposa al futuro Re.

Per molto tempo una precisa distinzione tra i termini: parasole, parapioggia e ombrello non verrà fatta, tanto è vero che ogni paese li utilizzerà in modo diverso.

In Italia termini comuni saranno parasole e ombrello: in Francia si chiamerà om-

---

ander III to the Doge Sebastiano Zani as a sign of gratitude for the latter's efforts in keeping the peace in the Papacy and Empire.

The dogal umbrella was valuable both as regards the materials from which it was made and the craftsmanship: its frame was of sculpted and gilded rare wood, and the cupola was covered with rich brocade and gold embroidery. The Venetian people regarded the dogal umbrella as bringing good fortune to the Most Serene Republic, and therefore they feared any events that could damage it.

A new fashion in the 14th century

The Renaissance produced many sophisticated additions to everyday life, and amongst the accessories were parasols and umbrellas. These were generally large and heavy, covered in leather. In Italy both items were commonly used.

However during that period, the umbrella was a novelty, and it is well described by chronicles of the age even though it is not specifically named.

Amongst Italian cities, Venice is recognised as being the first to accept the umbrella as a vital accessory. After overcoming some initial suspicion and censure on the part of the authorities, it became widespread during the first half of the 18th century. The umbrella was to reach France from Italy, included in Caterina de' Medici's lug-

brello il nostro parasole e parapioggia il nostro ombrello. La diffusione in Europa dell'ombrello italiano continuò: nel 1582, la principessa Anna Caterina Gonzaga, andando sposa all'arciduca Ferdinando d'Austria, volle nel suo corredo un parasole. Nel 1591 il granduca di Toscana Ferdinando I venne effigiato con accanto un servo che reggeva sul suo capo un parasole, probabilmente di pelle, e certamente solo d'utilità poichè è senza ornamenti araldici: nello stesso periodo, la nobiltà spagnola sfoggiava parasoli simili.

Alla fine del '600, allorchè i gesuiti portarono dall'Estremo Oriente l'uso di coprire gli ombrelli con la seta leggera, a imitazione di quanto si faceva in Cina, si determinò una loro maggiore diffusione perchè erano stati resi più leggeri, più maneggevoli e meno ingombranti: problemi questi che ne avevano limitato l'uso a quando un servo li poteva sorreggere.

Tutto il XVII secolo, nella storia dell'ombrello, è stato un periodo di grande fermento d'invenzioni e d'idee per cercare di dare a questo accessorio un uso più popolare e meno aristocratico, specie per il parapioggia che, ovviamente, era più utile al popolo. Per le classi sociali elevate, infatti, ripararsi dalla pioggia non fu mai un problema, poichè nei loro spostamenti adoperarono, per lungo tempo, lettighe e carrozze.

---

gage when she went to marry the king, Henry II. For a long time no distinction was made between the terms parasol and umbrella, and in fact the words are used in different ways by different countries.

In Italy, the commonly-used terms were to be "parasole" (corresponding to the English parasol, and meaning literally "protection from the sun") and "ombrello" (which is the English umbrella - curiously this term also alludes to shade, "ombra", and not rain). In France, the parasol is known as the ombrelle, and the umbrella as the parapluie. The spread of the Italian umbrella continued throughout Europe: in 1852, Princess Anna Caterina Gonzaga, given as bride to Archduke Ferdinand of Austria, desired to have a parasol included in her trousseau.

In 1591, an effigy of the Grand Duke of Tuscany, Ferdinando I, was made which included the figure of a servant holding a parasol over his head. Its real-life counterpart would probably have been leather, and certainly a utilitarian object because it is depicted without heraldic devices. In that period, Spanish nobles sported similar parasols.

Towards the end of the 17th century, the Gesuits brought back from the Far East the technique of covering umbrellas with light silk, in imitation of Chinese models. This led to a greater popularity of umbrellas, because they became lighter, easier

Comunque, la diffusione dell'ombrello fu condizionata più da problemi tecnici che di moda o altro: si cercava di costruire ombrelli leggeri e poco ingombranti, dotati di sistemi di chiusura e apertura più semplici.

Un ombrello arrivava a pesare fino a due chili, le stecche erano lunghe 80 centimetri, il manico in legno di quercia e la copertura in tela cerata, di barracano o di gros.

In Francia, una delle prime dame che adottò il parasole è stata Diana de Poitiers nel 1540: fu lo stesso re Enrico II, suo amante, a farle dono di un esemplare dal manico preziosissimo.

In seguito il nuovo accessorio divenne complemento del corredo delle dame della corte di Francia, che se ne servivano dalla primavera all'autunno. Intorno al 1670, Luigi XIV nel suo guardaroba risultava avere undici parasoli di taffetas multicolori e tre parapioggia di tela cerata con doppia fodera di seta ricamata e bordata d'oro e d'argento.

L'ombrello rimase comunque oggetto raro per i più. Quando un viaggiatore ne comprava uno all'estero, al suo rientro in patria veniva subito notato e la notizia riportata nelle cronache del tempo.

La raffigurazione, datata 1675, di "una dama che passeggia in campagna" fa rite-

---

to handle and less bulky: in fact these problems had previously limited their use to when servants were available to carry them.

In fact the entire 17th century was a period of many inventions and ideas that aimed at making the umbrella a more popular and less aristocratic object, especially for the rain-shielding umbrella that was obviously more useful than the parasol.

In fact the upper classes never had the problem of sheltering from the rain, because for a long period they used litters and carriages to move around.

However, the spread of the umbrella was influenced more by technical problems than by factors such as fashion and taste: craftsmen aimed to build light umbrellas of little bulk, fitted with simpler opening and closing mechanisms.

At the time the weight of an umbrella reached two kilos, the ribs were 80 cm. long, the handle was in oak, and the cover was in oilskin, of barracan or gros.

One of the first French women to use the parasol was Diana de Poitiers in 1540: her lover, king Henry II himself, gave her one with a valuable ornate handle.

Later, the new accessory became a part of the trousseau of French ladies at court, who used it from Spring to Autumn. Around 1670, Louis XIV had eleven multicoloured taffetas parasols in his wardrobe, as well as three umbrellas made of oilskin with double lining of embroidered silk, edged with gold and silver.

nere da molti che il parasole che impugna possa essere considerato la prima raffigurazione dell'ombrello moderno; il tessuto è montato su di un'armatura di stecche di balena, la cupola è bordata con frange e il manico pieghevole.

E' stato all'inizio del XVIII secolo che si sono visti i primi parapioggia "moderni", ai quali vennero applicati i nuovi meccanismi prima inseriti solo nei parasoli, che non avevano il problema dei tessuti impermeabili più spessi e poco pieghevoli.

Per gli ombrelli parigini, iniziò un'era di fama e ricchezza incomparabili che influenzerà la moda per molto tempo ed, espandendosi nel resto d'Europa, farà rinascere in Italia quell'artigianato che era stato per lungo tempo ancora più famoso e attivo di quello francese.

La donna e il suo parasole

La moda di quell'epoca imponeva atteggiamenti, abiti e comportamenti spesso vistosi, degni di un grande palcoscenico e tale veniva considerata la corte dove lo stesso re ne dettava le regole.

La nobiltà e la ricchissima borghesia gareggiavano per comparire sempre con le ultime novità, perciò anche tutto quello che riguardava i parasoli era subito adottato ed esibito. L'ombrellino tra le mani delle dame divenne anch'esso mezzo di se-

---

However, for most people, the umbrella remained a rare object: when a traveller brought one back home from abroad, he was immediately noticed and the news was reported in chronicles of the period.

A depiction dated 1675 of "a lady walking in the country", which includes a parasol, is considered by many as being the first illustration of a modern umbrella: the fabric is mounted on a whalebone frame, the crown is edged with fringes and it has a folding handle.

The first "modern" umbrellas appeared in the early years of the XVIII century, and included the new mechanisms that had previously been used only for parasols, which did not have the problem of the thicker and more rigid waterproof fabrics.

An age of success and fame began for Parisian umbrellas, which were to influence fashion for many decades. Spreading through Europe, they were to cause the renaissance of Italian umbrella craftsmanship, which had been more active and more famous than the French industry for a long period.

The lady and her parasol

Fashion of the time often necessitated showy appearances, clothes and behaviour, worthy of the stage: in fact the court was thought of in this way, and here, the king

duzione e tutta una letteratura galante ne ha studiato le possibilità espressive nelle diverse circostanze: drammatiche, amorose, seduttive ecc.

E' questa l'epoca in cui esplose la fioritura dei parasoli dai bellissimi colori, con armature sempre più leggere e maneggevoli, dalle impugnature di materiale pregiato e spesso prezioso, e con le cupole in tessuti di ogni genere, anche dipinti oppure ornati con merletti e ricami, frange e nappe, fiocchi e cordoni, nastri.

Via libera agli inventori

Il sogno dei fabbricanti di ombrelli era di farli divenire d'uso popolare e perciò studiavano come renderli più pratici da adoperare, da portare, e da custodire.

Nel 1710, un fabbricante-inventore francese, Mr Marius (probabilmente di origine italiana) annunciò di avere inventato il parasole-parapioggia "pieghevole che si può mettere in borsa, che pesa solo 5-6 oncie e occupa lo spazio di un calamaio". Già qualche anno prima lo stesso Marius aveva presentato un ombrello rettangolare e un altro coll'armatura rinforzata da un filo metallico, per evitare che si rovesciasse col vento.

Mentre in Francia era così vivo il mercato degli ombrelli, in Inghilterra questi erano dileggiati come oggetti effeminati e decadenti, non degni dell'uomo; pertanto pro-

---

himself set the rules.

Nobles and rich bourgeois competed to be seen with the latest novelty, and so whatever happened at court regarding parasols was immediately adopted and paraded. The parasol also became an instrument of seduction in the hands of the ladies, and a body of gallant literature studied its expressive possibilities in different circumstances: chivalrous, dramatic, amorous, seductive and so forth.

This period saw the flourishing of beautifully-coloured parasols, with frames that were continually improved in lightness and ease of handling, handles made of valuable, often precious materials, with crowns made of a large range of fabrics, painted, or decorated with lace and embroidery, fringes and tassels, bows, cordons and ribbons.

Free rein to inventors

Umbrella manufacturers dreamed of bringing the instrument to popular use, and therefore they worked at making them more practical to use, carry and store.

In 1710, a French inventor-manufacturer, M. Marius (probably of Italian origin) announced the invention of a "folding parasol-umbrella that can be put in one's bag, that weighs only 5-6 ounces and which occupies the same space as an ink-stand".

prio gli Inglesi che più tardi lo prenderanno a simbolo di un certo loro stile di vita maschile, solo alla fine del secolo ne riconobbero la grande utilità e accettarono le proposte dei loro inventori che studiavano sempre nuove fogge e forme.

Indubbiamente divertente l'idea inglese del parasole-ventaglio e di quello piccolissimo che aveva sul puntale una lunga frusta, affinchè la dama potesse redarguire i cavalli della pariglia con la quale correva per le vie della città.

Più pratico, specie per i viaggiatori, l'ombrello "animato" che nascondeva nell'impugnatura e nel bastone un'affilatissima lama, ottimo sistema di difesa contro nemici e malfattori.

Verso la fine del secolo, famose riviste dedicate alla moda cominciarono ad accostare ai figurini degli abiti anche leggiadri parasoli "alla moda francese" che poi, nel secolo successivo, avranno fogge sempre più originali. I fabbricanti inglesi, come i colleghi francesi e italiani, nel 1812 costruirono parasoli piccolissimi inseriti tra puntali e impugnature lunghe due terzi dell'intero fusto.

Nel 1750 venne presentato un parapioggia-bastone che aveva il bastone come fodero. Nella seconda metà del '700 ebbero successo i parapioggia ripiegabili: i più piccoli si potevano portare addirittura sotto il braccio, mentre quelli più grandi avevano le bacchette pieghevoli e il manico divisibile in due pezzi.

Some years earlier the same M. Marius had presented a rectangular umbrella, and another with a frame reinforced by metal wire, so that it would not turn inside-out in the wind.

While the umbrella market was so lively in France, in England the object was considered as effeminate and decadent, not worthy of a man. In fact the English, who would later use it to symbolise a certain male lifestyle, recognised its usefulness only towards the end of the 18th century, accepting models introduced by inventors who were continually studying new shapes and sizes.

Amusing English ideas included the parasol-fan and the small parasol with a long whip attached to the point, used to control the pair of horses pulling a lady's trap through the city. A more practical form, especially for travellers, was the sword-umbrella, which contained a sharp blade in the handle and stem, excellent defence against enemies and bandits.

Towards the end of the century, famous fashion magazines published illustrations of dresses accompanied by light parasols, "a la mode Française", which in the following century were to be of increasingly original shape. English manufacturers, like their French and Italian colleagues, were making very small parasols around 1812, with the crown opening at two-thirds of the handle length.

Famoso per il gusto provocatorio e scenografico il parapioggia-parafulmine, con lunga catena che dal puntale arrivava a terra.

Si può ben dire che tra gli oggetti d'uso comune meglio riusciti c'è certamente l'ombrello!

Dall'originaria antica forma a pagoda in sostanza pochi sono stati i cambiamenti nel modello; più rimarchevoli quelli nella struttura, nei meccanismi di apertura e nei materiali.

Non sempre sono idee teatrali o clamorose, basti pensare a quella di tenere arrotolata la cupola, una volta chiusa, con una fettuccia che si aggancia a un bottoncino!

Ben più determinante per renderlo pratico è stato l'avere sostituito le pesanti, e costose, stecche di balena dell'intelaiatura con altre più leggere in metallo. Il primo a pensarci si dice sia stato il meccanico di Lione Pierre Duchamp nel 1846, ma con poco successo perchè le sue stecche non resistevano al vento; più fortuna ebbe l'inglese Samuel Fox nel 1852.

Nel 1839 era già stato introdotto nel modello di parasole "marquise", il manico piegabile in due, usato soprattutto dalle dame in carrozza per orientarlo in modo da mantenere il viso in ombra.

E' importante ricordare che nella confusione dei termini: parasole, parapioggia, om-

---

In 1750, an umbrella-stick appeared, in which the stick acted as a sheath for the umbrella. During the second half of the 18th century, folding umbrellas became popular: the smallest could be carried under the arm, while the largest had folding ribs and a two-part handle.

The lightning conductor umbrella has remained famous for its provocatory and theatrical taste, with a long chain running from the tip to the ground.

One could say that the umbrella is without doubt a highly successful everyday object! The changes that have been made in shape since the original pagoda form are of little substance, while modifications in structure, opening mechanisms and materials are more significant.

These changes are not always theatrical or clamorous: one only has to think of the ribbon with a button used to keep the fabric rolled when the umbrella is closed! More important in making the umbrella practical was the substitution of the heavy and expensive whalebone ribs with lighter metal ones. Apparently the first to have the idea was a Lyon mechanic, Pierre Duchamp, in 1846, but he obtained little success because his version had low resistance to the wind: the Englishman Samuel Fox, who did the same thing in 1852, was more fortunate.

In 1839 the "marquise" parasol had already been introduced, with a folding han-

brello, si cercò di mettere ordine e già nella grande enciclopedia di Diderot, edita nel 1765, verrà fatta una distinzione tra parasole e parapioggia; il primo era descritto come solitamente ricoperto con tessuto di seta, mentre il secondo, poichè doveva servire a difendere dalla pioggia, era ricoperto con tela cerata.

A proposito di tela cerata, non bisogna dimenticare che il primo tentativo di risolvere il problema di impermeabilizzare la stoffa degli ombrelli lo si deve a un nobile italiano: il principe di Sangro. Quel geniale personaggio napoletano, filosofo, scienziato, inventore e da molti ritenuto anche stregone, donò al re Carlo III di Borbone un ombrello ricoperto con stoffa da lui resa impermeabile con procedimento segreto.

Le bizzarrie della moda

Se per Madame de Pompadour l'esotismo aveva un'attrazione invincibile, tanto che anche il parasole doveva avere sulla cupola scene di vita esotica e riporti di carta ritagliata, per le altre dame del '700, che non sapevano di essere alla vigilia della Rivoluzione, le bizzarrie non erano mai abbastanza originali o nuove.

Le cronache del tempo parlano di parasole-calendari con i mesi dipinti sulle cupole, di parapioggia di spugna per assorbire lo sgocciolamento, di altri in vetro o con

---

dle, so that ladies in the carriage could orient it to keep the shade on their faces. Mention has been made of the confusion existing in the umbrella's various names. However there has been an attempt to tidy things up, and in Diderot's great encyclopaedia, published in 1765, a distinction was made between "ombrelle" and "parapluie": the first was described as usually covered in silk cloth, while the second, used as protection from the rain, was covered in oilskin.

On the subject of oilskin, it should be remembered that the first attempt to solve the problem of waterproofing fabric for umbrellas was made by an Italian nobleman, the prince of Sangro. This genial Neapolitan, philosopher, scientist, inventor, and, according to many, wizard, gave the Bourbon king Carlo III an umbrella covered in fabric that he had waterproofed himself, using a secret method.

The whimsy of fashion

Madame Pompadour was absolutely fascinated by exotic styles, and even her parasol had scenes of exotic life and inserts of cut paper on the crown. Other 18th century ladies', unaware that Revolution was in the offing, were equally voracious of new and original fancies.

Chronicles of the time mention calendar-parasols with the months painted on the

inserito nell'impugnatura un termometro; gli Inglesi vi appendevano amuleti contro gli incidenti stradali.

Nel complesso, i parasole dell'epoca erano piuttosto piccoli, certamente molto più delle parrucche e dei cappelli allora di moda; decorazioni delicate ornavano anche quelli comuni.

Le impugnature erano piuttosto semplici e dritte e potevano servire come bastoni per le signore che usavano scarpe dai tacchi altissimi e instabili.

Madame Bertin, la modista di Maria Antonietta, mise addirittura un piccolissimo ombrellino sulla cima dei cappellini della dame: soluzione questa assai meno pratica di quella che aveva fatto applicare una fettuccia all'impugnatura, in modo da appendere l'ombrello al braccio. Oppure dell'altra che, forse non altrettanto comodamente, suggerì di assicurare al puntale un anello nel quale infilare un dito; in tal modo l'ombrello veniva trasportato a testa in giù.

Gli ombrelli e i parasole della Rivoluzione, portarono colori e simboli patriottici; bianchi, verdi, rossi, o blu e vennero usati nelle marce come stendardi.

Nell'800, diffusosi l'uso popolare degli ombrelli, si ebbero innumerevoli brevetti di fabbricazione, tra i quali quelli per modelli pieghevoli e tascabili.

Nelle impugnature, che s'arricchirono di fogge e materiali sempre più raffinati e

---

crown; and of towelling umbrellas that absorbed all the drops; others were made of glass, or had a thermometer in the handle. The English hung amulets onto the umbrella to ward off road accidents.

In general, parasols of the time were quite small, certainly much smaller than the ladies" wigs and hats that were in fashion. Delicate decorations adorned even the more common parasols.

The handles were fairly simple and straight, and could be used as walking-sticks by the ladies who wore very high-heeled, unstable shoes.

Madame Bertin, Marie Antoinette's milliner, went so far as to mount a very small umbrella on top of ladies' hats, but this method was far less practical than the application of a ribbon loop to the handle, so that the umbrella could be hung on the arm. Another suggestion, perhaps not quite so comfortable, was to fix a ring to the point of the umbrella and carry it on a finger, with the handle facing downwards.

During the Revolution, umbrellas and parasols were decorated with patriotic colours and symbols, white, green, red or blue, and they were used as standards during marches.

During the 19th century use of the umbrella became more widespread, and many

di valore, continuava a essere inserito quasi di tutto: dal necessario per scrivere agli orologi, alle lenti, ma venivano scolpite anche le teste dei regnanti o quelle dei cani di moda, oppure stemmi e caricature.

In Inghilterra, nel frattempo, il parapioggia, specie quello maschile che quando non pioveva veniva tenuto chiuso e arrotolato ma sempre pronto all'uso, serviva anche da bastone e con i guanti divenne simbolo di buon comportamento, sia personale che sociale.

Un "gentleman" non sarebbe mai più uscito di casa senza ombrello e guanti!

Da come uomini e donne usavano, trasportavano o conservavano l'ombrello, c'era anche chi si premurava di capirne la personalità e il carattere.

I "dandies" francesi, non adottarono la moda inglese, sostituendo l'ombrello con il bastone.

Nel frattempo anche il Re, oramai, reggeva con le sue mani l'ombrello e voleva che al castello di Fontainbleau ci fossero almeno tre parapioggia sempre pronti e accanto a ciascuna porta che dava sui giardini: il più grande era per lui, uno piccolo per la regina e un terzo per l'aiutante di campo.

La moda degli abiti, nel 1840, indurrà i fabbricanti d'ombrelli a farli di piccole dimensioni, i "marquises"; erano solitamente in seta e bordati con ricche frange egual-

---

manufacturing patents were issued, including folding and pocket umbrellas.

The handle took on an increasing variety of shapes, using more refined and prized materials. They continued to be a receptacle for all sorts of articles: writing equipment, spectacles, lenses; and they were carved to represent sovereigns, or fashionable dogs, or armorial bearings, or even caricatures.

Meanwhile in England, the umbrella, especially the man's version that was kept closed and rolled when not in use, though still ready for opening, was used as a walking stick, and together with gloves, it became a symbol of good personal and social conduct.

A gentleman never left the house without his gloves and umbrella!

There were people who claimed to be able to guess the character of men and women from how they used, carried and stored their umbrella.

The French dandies did not adopt the English fashion, substituting the stick for the umbrella.

By then, the king carried the umbrella himself, and he wished to have at least three umbrellas ready for use next to each door opening onto the gardens of Fontainebleau: the largest for himself, a small one for the queen and a third for the outdoor servant.

In 1840, clothes fashions induced umbrella manufacturers to make smaller versions,

mente di seta. Trionferanno fino agli anni '60.

Più tardi, i parasole ritorneranno a essere più grandi, anche a forma di pagoda e con il manico molto lungo che, tenuto al rovescio, serviva da bastone. Sul puntale ricomparve l'anello per infilarvi la mano.

Per molti parasole, l'ornamento più vistoso erano le frange, sempre molto alte, anche intrecciate a nido d'ape con piccole nappine cadenti. Venivano scelte in modo d'accompagnarle ai tanti tessuti, di tutte le qualità e i tipi, adoperati per le cupole: cotone, seta, gros, chiffon, taffetas, pizzo, satin e stampati con fantasie diverse. Non mancavano grandi volants di pizzo svolazzanti, ricche ruches, pitture e ricami.

Una belle-epoque per parasole e impugnatura

Il parasole e l'ombrello si avviarono verso il XX secolo in un vero trionfo di fatture elaborate e riccamente scenografiche, per fogge e materiali. Questa moda non cambierà fino alla prima guerra mondiale, sebbene le donne avessero già iniziato le loro battaglie femministe, spesso brandendo l'ombrello come una lancia, forse per smitizzare un simbolo del potere maschile.

Alcuni studiosi del costume legano certe sfrenatezze della moda ai periodi che precedono grandi rivoluzioni sociali; l'ombrello non fu mai immune da queste influenze.

---

the "marquises": these were generally made of silk and edged with ornate silk fringes. They were very popular up until the 1860's.

Later, parasols became larger once more, even taking on pagoda forms, with a long handle that was used as a stick, held handle-down: in fact, a ring for the hand appeared on the point.

In many parasols, fringes formed the principal ornamentation, and they were invariably long, often woven in honeycomb pattern with small hanging tassels. Decorations were chosen in order to accompany the many fabrics, available in all qualities and types, used for the crown: cotton, silk, gros, chiffon, taffetas, lace, satin and printed fabrics with a range of patterns. There were also large volants of lace, elaborate pleating, painting and embroidery.

The Belle-Epoque of parasols and handles

Towards the turn of the century, the parasol and the umbrella were at their height of elaborate craftsmanship and were grossly theatrical in their shapes and materials. This fashion was to last until the First World War, even though women had already begun their feminist battles, often waving the umbrella as if it were a lance, perhaps to destroy its symbolic aspect of male dominance. Some scholars link certain ex-

Nel 1902 Louis Vutton, il pellettiere francese creatore dei bauli più famosi al mondo, ne costruì uno apppositamente per custodire un set di ombrelli, ritenuto necessario all'eleganza di una vera signora che doveva cambiarli in continuazione assortendoli agli abiti.

Con la moda si prolungò il periodo romantico del secolo passato, la nobiltà e la ricca borghesia non volevano rinunciare ai propri privilegi e tutto doveva servire a fare da cornice alle preziose figure femminili.

Il parasole era sempre molto appariscente, molto ornato e ornamentale; aveva un aspetto vaporoso e leggiadro anche quando era nero, colore che raramente serviva per accompagnare la signora in lutto. In quegli anni, comunque, trionfarono i colori chiari, con il bianco e l'ecrù tra i preferiti.

Il manico, che si allungava e accorciava con grande disinvoltura, era sempre unito a impugnature originali e spesso costruite con materiali preziosi quali l'avorio, i legni rari, l'argento, l'oro, la madreperla, il corallo.

Nel 1908 nacque l'usanza di abbellire con teste di animali sull'impugnatura il manico, dal fusto lunghissimo per meglio accompagnarsi alla moda dell'epoca che delineava silhouettes quasi stilizzate; altrettanto belle erano le punte delle stecche con piccoli pomelli di diverse forme, il più delle volte riproducenti i fregi dell'im-

---

cesses in fashion to periods that immediately precede great social revolutions: certainly the umbrella was not immune from such influences.

In 1902, Louis Vuitton, the French creator of suitcases that have become world-famous, designed one specifically to store a set of umbrellas. These were considered as indispensable for a truly elegant woman, who had to change them continually, matching them to her clothes.

Fashion prolonged the romanticism of the 19th century: nobles and the wealthy had no desire to give up their privileges, and all fashion objects were used to frame the precious feminine figure.

The parasol was still very showy, decorative and ornamental: it had a billowy, light aspect even when it was black, a colour used only in mourning. In those years, however, light colours were predominant, above all white and cream.

The stem, which varied in length with prodigious rapidity, always included an original handle which was often made of a valuable material such as ivory, rare wood, silver, gold, mother-of-pearl or coral.

The year 1908 saw the appearance of animal heads on the handle: the stem was very long to suit the fashion of the day, one of almost stylized silhouettes. The extremities of the ribs were also very beautiful, with small tips of varying form that

135

pugnatura.

La Belle-Epoque propose donne vivacissime, amanti del lusso e del divertimento che non rinunciarono al vezzo dell'ombrellino, parasole o parapioggia che fosse; di questi ultimi se ne iniziò a fare una produzione imponente più per gli uomini e i popolani, sebbene le riviste di moda consigliassero alle signore di averne alcuni nel corredo.

Tutto influenzò gli ombrelli: la forma delle spalle e delle maniche degli abiti, la linea delle gonne più o meno gonfia, la moda delle passeggiate a piedi o in carrozza e, non ultimi, i cappelli delle signore dei quali erano i diretti concorrenti godendo entrambi il privilegio di adornarne il capo.

I parasole affiancarono, o divennero i sostituti del fazzoletto e del ventaglio. Le mani delle signore si trovarono a stringere più frequentemente gli ombrellini che non le borse; anzi, questi ne fecero le veci grazie ai lunghi manici "necessaires" che custodivano il portacipria, il flacone dei sali, il portamonete, il necessario per il cucito.

Comunque, sottile filo conduttore della foggia e delle mode dell'ombrello femminile sarà sempre la latente forza simbolica che lo poneva in concorrenza con il bastone maschile, che fu identificato con il potere anche quando si travestiva da accessorio di moda.

---

often repeated the designs on the handle.
The Belle-Epoque was a period of very lively ladies who lived for luxury and enjoyment, and who could not do without their umbrella or parasol. Fashion magazines advised ladies to include many umbrellas in their trousseau, but nonetheless, large numbers were produced for men and ordinary folk.
The umbrella was influenced by all variations in fashion: the shape of dress shoulders and cuffs, the line of the skirts, wider or narrower, walking or taking the carriage, and ladies' hats, an important consideration as they were direct competitors of umbrellas, as both had the privilege of decorating the head.
Parasols were used together with, or even substituted, the handkerchief and fan. More often, ladies clasped umbrellas and not bags, and in fact, the umbrella carried out both functions, as the long handles became "necessaires" with face-powder, smelling-salts, purse and sewing equipment.
Through all these variations in shape and fashion, the underlying theme of the umbrella is its latent symbolic power that contrasts with the male stick, which itself was synonymous with power even when disguised as a fashion accessory.

XX secolo: il trionfo dell'ombrello

La scomparsa del parasole dalla moda femminile sarà abbastanza graduale, con delle riapparizioni molto interessanti per la storia del costume.

La prima guerra mondiale fece da spartiacque al modo di vivere di tutti, ma in particolare delle donne che avevano scoperto in quel periodo quanto fosse utile alla società, se non necessaria, la loro collaborazione anche nella vita pubblica e nel mondo del lavoro.

Oramai avevano imparato a uscire di casa, a rendersi più autonome e meno dipendenti dagli uomini: capirono che dovevano essere meno bambole e più vere donne. A questi nuovi valori si adattò tutta la moda che non poteva ignorare i vari accessori, tra i quali il parasole e l'ombrello.

Negli anni '20 gli ombrelli si fanno piccoli in modo che, chiusi, possano essere stretti sotto il braccio senza dare fastidio o impedire movimenti agili al corpo, a sua volta liberato da busti e abiti ingombranti.

Le arti decorative li copriranno con nuovi tessuti dai colori vivaci e stampati con disegni geometrici, o altri che riproducevano figure e animali. All'ombrello piatto o arrotondato, molto semplice nella linea, in alcuni casi anche di stile e gusto orientali, si affiancheranno diversi "marquises" che si potevano più comodamente usa-

---

20th century: the triumph of the umbrella

The parasol gradually disappeared from the fashion scene, though later revivals were very interesting from the point of view of fashion history.

The First World War represented a watershed in everybody's lifestyle, but in particular that of women, who in that period had discovered how useful they could be to society when they took part, even when not strictly necessary, in public life and work.

By then, women had escaped the purely domestic environment, and they were more autonomous and independent of men: they understood that they should appear less like pretty dolls and more like true women.

In fact the whole field of fashion, including accessories and the parasol and umbrella, adapted to meet these new values.

In the Twenties, umbrellas became smaller so that when closed, they could be carried under the arm without being uncomfortable or impeding movement - it should be remembered that women had just been freed from corsets and cumbersome clothing.

Decorative arts gave the umbrellas new fabrics with bright colours, printed with geometrical motifs or figures and animals. As well as flat or rounded umbrellas,

re in carrozza.

La nuova generazione degli anni '30 rifiuterà il parasole, lasciandolo in uso alle madri e alle nonne.

Questo cambiamento di abitudini fu capito dai grandi sarti e dai fabbricanti di ombrelli che s'impegnarono a costruirli secondo linee più sobrie mentre si divertirono a creare parasoli sempre più capricciosi e frivoli, quasi volessero dare loro un addio enfatico, sapendo di doversi dedicare a una produzione più realisticamente utile.

Furono quelli gli anni del definitivo passaggio dal parasole all'ombrello-parapioggia.

Coco Chanel, grande donna e grande stilista di moda del nostro secolo, capì intimamente le donne del suo tempo, e volle liberarle dai tanti orpelli che le legavano a un passato rispettabile ma inattuale; così le invitò ad amare il sole a lasciarsi abbronzare dai suoi raggi, in altre parole a essere libere!

Era stata decretata la fine del parasole e la nascita del moderno ombrello.

In Italia affondano le radici della storia dell'ombrello in Occidente e, sebbene in alcuni periodi altri paesi abbiano assunto il ruolo di grandi produttori, quest'arte tornò a essere italiana grazie agli artigiani ombrellai dell'alto Vergante, una valle montana ai piedi del monte Mottarone, in provincia di Novara.

Alla fine del Settecento, furono loro, infatti, a riprendere la produzione di ombrelli

---

of simple lines and sometimes Oriental style and taste, there were a range of "marquises" that could be used conveniently in the carriage.

The new generations of the Thirties abandoned the parasol, leaving its use to their mothers and grandmothers.

Great tailors and umbrella manufacturers understood the significance of these changes in attitudes, and constructed umbrellas of more sober lines, while creating parasols of increasing caprice and frivolity, almost as if they wished to pay the parasol a final salute in the knowledge that the time had come for a more utilitarian production.

So, the definitive transition from parasol to umbrella took place in these years.

Coco Chanel, a great individual and a great fashion stylist, closely understood the women of her time, and desired a liberation from those frills that tied women to a respectable but impractical past: she invited them to bask in the sun, bathing in its rays, in other words, to be free!

This effectively decreed the end for the parasol, and heralded the birth of the modern umbrella.

The history of the umbrella in Europe has roots in Italy, and even though other countries have been great manufacturers in other periods, the art has once again become

italiani portandoli di città in città e di paese in paese, in tutte le zone d'Italia e anche in molti paesi esteri, compresi quelli d'oltremare.

Da quelle antiche famiglie ombrellaie novaresi e da altre comasine sono discesi i tanti maestri che, insediatisi in diverse regioni del nostro paese, hanno trasformato la produzione artigianale in quella grande produzione industriale che ha fatto conoscere l'Italia come il miglior produttore al mondo di ombrelli di qualità.

Gignese, il paese più alto del Vergante, da cinquant'anni ospita l'unico Museo al mondo dedicato all'ombrello e al parasole.

Italian, as a result of the work of the craftsmen in Upper Vergante, a mountain valley at the foot of Mt. Mottarone, in the province of Novara.

In fact, in the late 18th century, they rekindled umbrella production in Italy, catalysing its spread from city to city all over the peninsula, and abroad to other countries, even overseas.

From those old umbrella-making families of Novara and Como are descended the craftsmen that settled in various regions of Italy and transformed crafts production into industrial manufacture, with the result that Italy has the reputation of being the greatest producer of quality umbrellas in the world.

The only museum in the world to be dedicated to the umbrella and parasol is in fact found in Gignese, the town situated highest in the Vergante valley.

RINGRAZIAMENTI

L'Associazione Amici del Museo dell'Ombrello e del Parasole di Gignese.

La dottoressa Bruna Giop, conservatrice del Museo.

Il Comune di Gignese.

Tutti gli oggetti fotografati sono di esclusiva proprietà del "Museo dell'ombrello e del parasole di Gignese".
Le ricerche e la catalogazione sono state eseguite da: Grazietta Buttazzi, Margherita Accornero, Margherita Bellezza, col patrocinio della Regione Piemonte.

Finito di stampare
nel mese di maggio 1990